# 나는 함석지붕을 먹고 산다

# 나는 함석지붕을 먹고 산다

1판 1쇄 발행 | 2019년 7월 10일

지은이 | 신긍철
발행인 | 이선우
펴낸곳 | 도서출판 선우미디어
등록 | 1997. 8. 7 제305-2014-000020
02643 서울시 동대문구 장한로12길 40, 101동 203호
☎ 2272-3351, 3352 팩스: 2272-5540
sunwoome@hanmail.net


값 13,000원


※ 이 도서의 국립중앙도서관 출판예정도서목록(CIP)은 서지정보유통지원시스템 홈페이지(http://seoji.nl.go.kr)와 국가자료공동목록시스템(http://www.nl.go.kr/kolisnet)에서 이용하실 수 있습니다.(CIP제어번호: CIP2019024121)

ISBN 978-89-5658-616-8 03810

# 나는 함석지붕을 먹고 산다

신긍철 시집

선우 sunwoomedia 미디어

## 시인의 말

이 글들은,
아버지의 부도 이후
일용직으로 시작해서 지붕 일을 하기까지
이야기들이 대부분이다
사는 것이 견디기 힘들 때,
거칠거나 약은 사람들에게 부대낄 때,
혼자만의 골방에서
스스로를 다독이던 흔적들이다

첫 번째 시집을 통해,
가장이기 때문에 감춰왔던
눈물과 상처의 시간을
조심스럽게 풀어놓는다.

2019년 6월
신궁철

## 3부

# 1부

# 활주로

발바닥이 부르트도록 밟아온
저 단단한 시간은
날개들의 활주로

주머니엔 오랫동안 그려온 도면이
땀에 젖은 채 꽂혀 있다
가파른 꼭대기 찾아다니며 소리치는
핏빛 목소리들

매번,
불시착한 어제를 수선하는 너는
오늘도 날개를 퍼덕이며
출발 총소리를 기다리고 있다

# 나무로 살아가기

누가 나를 여기에
나무로 심어놓았습니까
뿌리를 가진 것들은
이곳저곳 옮겨 다니지 못합니다
새를 앉히기 위해
깊게 뿌리 뻗어 둥치를 넓히고
묵묵히 가지를 키워봅니다

처음부터 나는 이곳에 있었습니다
바위를 뚫고 물을 찾는 일도 이젠
빨라졌습니다
부드러운 뿌리도
정처럼 단단해질 수 있습니다
뿌리가 깊어진 나무는
바람도 어쩌지 못합니다

이제야 새를 불러봅니다

# 숲

새벽 비에 얼굴 씻은 숲
무릎 꿇어 거울을 본다
제 몸 비집고 나온 거울
숲이 깊을수록 샘은 맑다

샘을 퍼 올리기 위해
수없는 밤을 새워 뻗은 뿌리들과
더 높은 하늘을 보기 위해
별빛으로 감아온 이파리
거친 바람이 불자
나무는 허리를 꼿꼿이 세운다
숲의 병정이기 때문이다
바람이 지나가자
나무는 허리를 구부린다
숲의 노역자이기 때문이다

바위 틈 소나무
휘어지고 꺾여진 세월 사이로
바람은 쉬지 않고 지나가지만
한때 흔들리던 흔적은
한둘 삭정이로 남을 뿐이다

# 지붕 덧씌우기

마르고 비틀어진 아비의 등골 위로
새로 켠 서까래를 덧대자
팽팽한 긴장감이 흐른다
늙은 아비의 걱정은
쉬지 않는 잔소리로 쏟아지고
자식은 이어폰으로 귀를 틀어막는다

몇 개의 버팀목을
아비와 아들 사이에 세우느냐에 따라
지붕의 수명이 좌우될 것이다

늙은 지붕은 처지고 비가 새지만
막보면 안 된다
계절을 여러 번 경험한 그는 단단해졌으므로
그를 의지한다면 둘의 간격은
한여름 더위를 막아주고

겨울 혹한을 거뜬히 견뎌낼 것이다
올 겨울, 천장에서
몇 마리의 쥐들이 겨울을 나느냐에 따라
시공이 얼마나 잘 되었는가가 판가름나는 것이다

틀어졌던 아비와 아들이 얼싸안자
지붕은 완성된다

# 당구에서 길 찾기

만나는 사람마다 딱딱 맞지 않아
상처 받은 마음은
방구석 찾아 처박혀 있는 날
티브이 켜 쓰리쿠션 당구경기 본다
서로 다른 색깔이 만나
깨질 듯 부딪치고 또 다시 어울리는 공들

관중들
공 따라 제각각의 길 찾고 있다

맨 앞자리의 신입 회사원
직원들과의 교집합 두께를 찾기 위해
얼마큼 엎드려야 하는지
샷, 하는 순간의 허리각도를 재고 있다
길이 보이지 않을 때일수록
초크 가루 풀풀 날리는 바닥에
턱이 닿을 때까지 내려놓아야 한다

한쪽 눈 시퍼런 저 뒷자리 아저씨
주먹 센 마누라와 한 집에서 살 수 있는
기막힌 각도 찾을 수 있을까

# 청춘

필승머리띠 하나면 충분하지

별의 빛나는 모서리 품던 날부터
욱신거림을 껴안고 뒤척이던 수많은 날들
별을 만나기 위해, 캄캄한 밤을 헤매다
발 헛디뎌 생긴 상처들
그 상처 홀로 싸매며
밑바닥을 다 돌고 나서야 빠져나가는 것

신림동 반지하 사글셋방은
시작하기에 안성맞춤
햇빛 한 장 만나지 못해
남루한 벽에 붙어 땀 흘리는 벽지
축축한 꽃장판 밑을 떠도는 바퀴벌레 실지렁이
뒤꿈치에 밟혀 사는 쥐며느리와
매일 밤 동침하며
가느다란 손가락으로 주먹 쥐어보지

별을 찾아 나섰다면
맨땅에 헤딩할 각오가 섰다는 것
맨몸으로 부딪쳐 생긴 상처들이
언젠가는 간판이 될 것을 믿으며
신림동 네거리에서 북적거리는 가게를 꿈꾸는 것

구십 대 청춘을 기다리며
필승머리띠 늘 머리에 두르고 있는 것

## 서각

철원 삼불사에 가면
칼의 고삐 쥔 사내를 만날 수 있다
칼등 두드려 염불 읊는 사내

묵언안거로 삼 년 마르고서야
비로소 틀어지지 않는
나무의 고운 결 쓰다듬으며
칼 지나갈 자리에
정갈한 마음 먼저 올려놓는다

칼 내려놓은 자만이 칼을 들 수 있다

제 몸 비우고서야
소리 찾은 추녀 끝 풍경처럼
어둡고 먼지 쌓인 공방에는
쉬지 않고 자신을 파내는 망치소리
칼이 지나간 자리마다

세속의 욕심들이 떨어져 나간다
나무의 결은 겨울 지나온 흔적
눈보라 견딘 나무의 시간들이
반야심경으로 태어난다

# 이 목수

새벽 다섯 시
영하 십도를 막아선 문 열면
본능처럼 출발선에 엎드리는 화물차 바퀴들
시동 걸자 푸드득 푸드득,
잠 덜 깬 채 숨 고르고 있다
앞바퀴가 기지개 펴자
현장 향한 전조등 눈빛은
어둠 속에 터널 뚫고 있다

오늘 지붕 올릴 집의 처마에도
살촉 달고 과녁 찾는 고드름 끝에
별들이 매달려 있다
서리 낀 사다리 밟고 지붕 위로 올라서자
능선 따라 매복해 있는 태양의 군사들
산을 넘기 위해 밤새도록 달려와
진격 명령 기다리는 가쁜 숨소리
숨어있던 창끝이 반짝이자

한 떼의 별무리 서둘러 철수한다

이 목수, 언 손으로 톱질한다
무너진 사각의 귀퉁이마다
새 목재를 잘라 틀을 잡고
고정시키기 위해 못을 꺼내든다
망치를 내리치자
소리는 순식간에 앞산 계곡을 울리고
신호 기다리던 군사들의 함성은
일제히 산을 넘는다
용마루가 훤해진다

남루한 톱날이 지나가는
비좁은 틈에서도 햇살은 차오르고
미소 디디며 내려오는 이 목수 땀방울

# 파도의 섬

파도에 갇힌 섬에서
젖은 이파리 모아 연기 피워 올리며
지나가는 배를 기다리고 있었다
보이는 건, 허공을 빙빙 돌며
칼끝 같은 부리로 먹잇감을 찾는 기러기 떼뿐
배는 오지 않았다
공사장 발판 같은 절벽 위에서 표류하는 그를
아무도 구조하지 않았으므로
혼자 힘으로
섬을 탈출하기로 결심했다

뗏목을 만들기 위해
그는 망치와 톱을 들었다
깜깜한 흙 속에서도
밑변 넓혀가는 뿌리를 가진 나무와
낭떠러지 딛고 살아가는 칡넝쿨을
엮기 시작한 것이었다

# 버려진 개

단지 새 것을 갖기 위해
주인이라는 계급장을 이용해
내다버린 것들은 헌 것만이 아니다
수거함에 버려진 쓸 만한 옷과 신발들은
발 없이도
새 주인을 찾아 떠나겠지만
목을 맬 줄 모르는 개들은
버려진 곳을 떠나지 못하고
죽을 때까지
떠난 주인을 기다린다

# 두목

오늘 저녁 집합하라는
명령을 하달 받았다

우리 조직은 끈끈하다
조직의 크기에 연연하지 않는다
한때 종로를 평정했었다는
두목을 우리가 모시고 있기 때문이다
가끔 두목의 친구들이 오면
야 술고래, 라고 부르지만 그것은 과거일 뿐
그분을 존경하는 이유는 따로 있다
과음하지 않기 혼자 떠들지 않기
먼저 가는 사람 붙잡지 않기를
철저히 실천하시는 분으로서
깊은 감동을 주시기 때문이다
처음에는 실천할 수 없는 규칙이라고
조직원들은 단호하게 말했었다
너무 엄한 규칙으로

조직에 남아있는 사람이 몇 없기 때문이다

사실 두목을 더 좋아하는 건 아내들이다
두목께서 말씀하신다
오늘 술자리는 여기까지 건배
아홉 시다

## 톱 망치

톱이여, 술의 시간을 잘라내 주오
망치여, 잘라낸 곳에 대못으로
책상을 박아다오 골방을 박아다오
펜으로 서까래 걸고
책으로 기왓장 삼아
줄줄 새는 저녁의 지붕 수리하여
천장 속
생쥐들의 가난한 식탁과
어두운 구석에서 숨죽인 울음 우는
귀뚜라미 머리 위에
빗방울 떨어지지 않도록 하여주오
귀 기울여야 들리는 작은 소리들
매일매일 엮게 해주오

# 부도

그 집은 폭파되었다
금 간 곳에 매설된 근저당이 문제였다
둥둥 떠다니는 책 기타 스케치북
젖어가는 앨범 속 사진들
장마가 지나갈 때까지
방에 차오르는 물을 퍼내며
비를 맞았다
바닥을 찾기 위해 물을 퍼내는 것이
하루 일과였다 틈틈이
머리 위에 멈춰 서있는
두꺼운 구름의 엉덩이를 밀어보지만
구름의 바퀴는 꿈쩍도 하지 않았다
햇살의 연락처 한 장 꽂혀 있지 않았다

# 서리꽃

추수가 끝난 늦가을
철새 떼 내려앉아 쪼아대는 논바닥엔
백발의 그루터기만 남아 있다
트랙터 바큇자국이
깊게 패인 허리를 감고 있다
부러진 삽 한 자루 움켜쥔 채
거친 숨 몰아쉬는 논

한때는
짊어진 무게를 지탱한 허리
물꼬를 트기 위해, 폭우 속에서
외길 논두렁길을 줄타기한 발자국들
태양의 담금질을 견뎌낸 쇳빛 쇄골
이제, 부러지고 끊어졌던
속의 형태가 드러났다

서리 내리자
아팠던 논바닥의 흔적들이
흰 꽃으로 피어난다

# 담장동

담장동이란 도시가 들어오기 위해, 대대로 살아온 조용한 시골마을이 파헤쳐져 순식간에 동산이 평지가 되고 아파트 단지가 들어섰다 강변을 따라 서울로 향하는 아스팔트가 깔리자 강 허리가 부쩍 줄어들었다 강물을 맴돌며 둑에 기대어 살던 애기괭이밥 쑥부쟁이 흰 제비꽃들 낯선 보도블록 위로 쫓겨나 틈 비집고 살아가보지만 발에 채여 안절부절못하였다

새로운 도시가 끼고 들어온 담장은, 그 음흉한 높이를 아무도 알 수 없었다 건물과 건물, 사람과 사람 사이의 경계를 기막히게 찾아내 재빨리 담을 쌓아올리는 귀재였다 때로는 바닥이나 천장으로 변신해 밀폐된 공간을 만들어 나갔으며, 일층의 머리 위엔 반드시 이층의 거만한 구둣발이 있었다 책방에는 담 확실히 쌓는 법 이웃 담장 허무는 법 총정리가 베스트셀러 자리를 지키고 있었다 담장동 네거리에서, 신호등 조는 사이 거칠어진 자동차들이 중앙선과 경계석을 넘어 인도를 덮친 참사는 비극의 시작일 뿐이었다

# 사다리

지붕 위로
어둠이 쏟아지면
사다리 타는 소리 들린다

모두 잠든 밤이면 별을 찾아
누군가 사다리 타는 것이 분명하다
어떻게 올랐을까 저 높은 사다리
지붕에 뿌리내리기 위해
고향을 떠난 들풀들
지붕 꼭대기에서 핀 풀꽃들은 모두
별을 닮았다

# 링 안에서

여기는 링 안,
얼굴 치는 척 옆구리 공격한다
니킥 공격에 갈비뼈 부러져도
웃는 얼굴은 기본
시작 종소리 울리고 나면
둘 중 하나 쓰러져야 링을 내려갈 수 있다
정강이와 주먹이 오가는 도중
링 밖, 핫팬츠 입은 여인 쳐다보지 마라
탱탱한 엉덩이에 한눈파는 순간
각을 세운 놈의 팔꿈치는
평생 세운 너의 콧대를 부러뜨린다

링에 오른 사람은 모두
가드를 올리고 상대 빈틈 노리고 있다
잡부로 먹고 살던 김씨는
룸싸롱, 오뚝 선 가슴에 침 흘리는 순간
월세 아들놈수업료 북풍한설기름값

근근이 버티던 다리가
로우킥 한 방에 꺾어지고 말았다

그녀의 몸매는 땀 흘려 만든 것이 아니다

스텝 밟는 바닥엔
패배한 자들이 흘린 신음소리들
선명한 핏자국으로 남아있다
경기에 집중해야 한다
여기는 링 안

# 못

오래된, 남편의 술주정과 아내의 성깔처럼
기왓장은 군데군데 깨져있고 그 밑
감춰진 채 썩어 있는 서까래
지붕이 위험하다
새로 틀을 짜야 한다
목재를 처마에서 용마루까지 가늠해 보지만
기성품 열두 자 목재로는 길이가 턱없이 모자라
두 개를 연결해야 닿을 수 있다
서로 두 자씩 양보해
맨살로 겹쳐지는 곳에 못을 세우고,
새벽 망치를 내리치면
빳빳하고 긴 못이 탕탕, 꽂히는 곳에
불꽃이 튄다 불꽃이 핀다

둘은 알고 있다
지붕을 등에 진 서까래의 아픔으로
예쁜 빛깔의 지붕을 올릴 수 있다는 것과

천장 아래 새끼들이 비에 젖지 않고
도르릉 도르릉 코를 골 수 있다는 것을

# 대설주의보

벽난로가 있는 거실
장작을 태우는 불길이
아이들 웃음소리처럼 타오르지만
창밖으로 보이는 시냇물은
제 길을 찾아 흐르다
봄이 오기도 전 모두 멈춰버렸다

흰 눈 내리면, 그 화단엔
눈송이들이 백합꽃처럼 피어나겠지만
가난한 방으로 인해 핏자국을 남긴 시트는
오늘도 낡은 침대를 떠나지 못한다
티브이에서는, 모텔 방에서
쉽게 옷을 벗는 여자들이 나오고 있지만
수음을 배우기 시작한 나는
채널을 돌리지 않는다

태양의 뒤꼍을 찾아
영토를 넓혀가는 뒷골목은
밤새도록 썩은 내를 토해내고
견디다 못한 새벽은
참았던 욕설을 쏟아붓기 시작한다

# 2부

# 아버지의 자전거

한 번이라도 넘쳐 흘러본 적 있나요
대를 이어 깊이를 더해 가는
오두막집 우물
깊이를 알 수 없는 그 바닥에도
별들이 박혀 있을까요

며칠 쉬었던 자전거에
톱 망치 도시락 묶는 아버지
오늘은 일이 있나봅니다
페달 밟으며 출근하는 소리는
허기진 우물 속을 따라
더 크게 울려 퍼집니다

언 손 비비며 빨래하는 어머니
바닥 쪽으로 길어져 가는 두레박줄
콧노래로 끌어당기시며
오늘은 해가 떠 있으려나

휘청거리는 두 개의 바지랑대에
해지고 때 묻은 식구들 옷
하얗게 빨아 널어놓으면
팽팽해지는 빨랫줄

빨래 위로 별이 내리기 시작하면
살 빠진 바퀴와 녹슨 핸들에
펑크 난 삶 싣고
찌르릉 찌르릉 골목 울리며
집으로 돌아오시는 아버지

# 부부 싸움

뾰족한 말들의 끝에는
표적을 향한 살촉이 달려있습니다

소파의 가죽이 뚫어지고
수화기 한쪽이 금 갑니다
빗나간 말 한마디가
그림을 그리고 있는
아이의 손가락에 꽂히고 맙니다
스케치북 종이 위로
물감처럼 핏방울 떨어져
지워지지 않는 그림 그려집니다
아이의 손가락은
곧 새살이 돋아나겠지만
크레용 그림을
다시 그리지는 않을 겁니다

# 가장

땀에 젖은 옷 입은 채 마르면
가야 할 길이
지도가 되어 하얗게 드러났다
남긴 참을 가져가면
기다리던 아이들 달려와
신나게 빵 봉지를 뜯었다
빵 봉지 소리와
아이들 웃음소리가 똑같았다

# 아버지의 상자

누구 한 번
시원하게 때려보지 못한 아버지
당좌수표가 날린 펀치에 케이오 당하시고
서까래 대들보 부러진 집에서
허허허 사신다
때릴 줄 몰랐던 아버지는
맞고 들어오는 날이면 눈물로 상자를 열고
그 속을 들여다보신 후
미소를 지으며 상자를
닫아 놓으셨다

맞는 것도 유전이 되는가
얻어터지기만 하는 나는
손때 묻은 아버지 상자 속이
늘 궁금했는데

상자엔
고향에서 읍내에 나오기 전
어머니와 함께 엮은 바소쿠리
지게에 얹어,
휘파람으로 지고 다니던 아이들과
물꼬를 트기 위해 폭우 속을 헤매던
좁은 논두렁길이 있었다

## 별 피어싱

날선 말 뱉어대는 사람들을
어쩔 수 없이 만나고 다닌 날은
상처투성이다

퇴근하고 나서야
찢어진 곳을 치료하기 위해
바늘과 실을 든다
전화 걸고
음악 틀고
막걸리 마신다
꿰매다 문득,
피어싱 해보기로 한다
꿰매는 곳마다 이름을 붙여본다
어머니 임플란트 한 땀
아이들 수업료 한 땀
아내 웃음소리 한 땀

피어싱 된 상처
별자리 되어 빛난다

## 망초 꽃

의사보다 아랫말 무당이 더 용하던 시절
굿판에서 찾으려 했던 한쪽 눈
끝내 찾지 못하시고, 죽기 살기로 살아도
으레 어두운가보다 살아오신 할머니
짐이 없으면 허전하다 하시며
빈털터리 보따리 늘 이고 다니셨다

동생과 싸우고 회초리 맞은 날 밤
터진 종아리 한참 만지시던 할머니
다음 날 이른 아침부터 보이지 않으셨다
능선에 걸터앉은 노을이
검은 도포로 갈아입기 시작하고
할머니가 다니던 좁은 논둑길 삼켜 갈 때
지쳐 돌아오신 할머니
할머니 어디 갔다 이제 와
산 두 개 너머
옥황상제 복숭아밭에 다녀오는 길이여

복숭아 먹으면 아픈 곳이 금세 낫는다고 혀서
몇 개 얻어왔다
공짜로 얻어오면 목숨을 나눠줘야 한다며
이눔아, 할미는 살만큼 살었어 내 새끼

보따리 풀자, 부딪치지 말라고
한참을 꺾어 넣으신 망초 꽃

# 아버지 페달

소가 쓰러졌다

새벽 논두렁길 빠져나와 사십 리 길
읍내 가축병원에 다녀오는 아버지의 씩씩거리는
자전거 페달 소리도
그놈을 따라잡기엔 역부족이었다
개울을 건널 무렵 의사보다 먼저
외양간에 도착한 놈은
소의 마지막 거친 숨마저 남김없이 거두어가고
끅끅 쓰러져버린 어머니의 흐느낌은
마을을 휘돌아 절벽 친 앞산
뒤꿈치에 밟혀있었다
평생 한 번도 넘어보지 못한,
꼭 한 번 오르고 싶었던 간절한 꼭대기
그녀의 통곡소리엔
손톱자국이 잔뜩 박혀있었다

물살을 이기지 못하고 멈추어 선
아버지가 굴려온 허리 휜 자전거
오늘도 어머니,
빈 가슴 헛간에 우두커니 세워진
아버지의 페달

# 아버지의 우물

곡괭이 든 손가락을 꽉 쥐었다
심장박동수를 높여야 한다
혈관을 따라 목구멍들이 연결되어 있기에
단단한 땅을 파고 또 판다
내가 늘어뜨린 줄에 엮여
바가지 움켜쥐고 기다리는 새끼들의
목마름을 매달고 내가 우물이어야 한다
내 아비도 그랬었구나
휘어진 등골에서 태어나
해진 바지 사이로 비치던 아비의 사타구니
거기에 우리도 매달려 있었구나
민들레 울타리
아버지가 파놓은 얕은 우물에서
물 한바가지 퍼 올릴 때마다 깊은 주름은 떨고 있었구나
아버지, 버티다 버티다 부러진 시간은
소달구지에 실려 고향을 떠나고
아버지가 도착한 낯선 도시는

또 다시 아비의 도주를 준비하고 있었다

내 눈물도 부도가 날 무렵
우물이 되어야 한다고 생각했다
유전된 중력이 있다는 걸 그때 알았다

# 할머니의 방

뚝뚝,
돌밭에서 이랑 세우다
할머니 호미 부러지는 소리
뚝뚝,
새는 곳 찾기 위해 지붕을 밟던
아버지 무서운 발자국 소리

금 간 곳을 찾아 날아온 풀씨들이
자리 잡고 싹을 틔우던 집
가난의 골을 따라 흐르던 빗물은
꼭 천장으로 떨어져
길을 찾을 수 없는 지도만 그려놓고
할머니가 받쳐놓은 요강을 넘쳐
아이들의 발 적시던 곳
젖은 것들을 말리기 위해
아버지는 공사판을 찾아 헤매었다

방문 열어놓아도
천장과 방바닥은 마르지 않고
곰팡이 냄새에 지친 햇빛은
문지방을 넘지 못하고
툇마루에 누워 있던 집

# 겨울

외발썰매를 옆구리에 낀 아이들이
어머니가 밤마다 뜨개질한
무지개 목도리 두르고 벙어리장갑 끼고
강으로 달려간다

누구나 한 번은 건너야 하는
저 사나운 강

어머니 목소리 뒤로 한 채
미끄러운 얼음판 위에서
비틀거리며 넘어지며, 중심을 잡고 있다
여름 내내 뙤약볕에 갈아 온
쇠꼬챙이를 강의 등짝에 찍어대고 있다

겨울을 지나지 않고서는
저 거친 물살의 강을 건널 수 없다

강을 다 건넌 아이들마다
눈 내리는 빈 들판에 서서
품속 깊이 간직한 꽃씨를 꺼내
눈발 사이로 날리고 있다

# 오래된 숙제

아침이면 출근 준비하느라 분주하다
거울 앞에 서서
밤새 흐트러진 표정을 가다듬어
칼이 숨겨진 미소를 지어본다

일터를 향해 달리는 지하철 안은
소리 없는 전쟁터다
적을 이기는 싸움의 기술과
단번에 고객 사로잡는 법을
실시간 검색하고 있다

칼 없이 전쟁터에 나간다는 것은
곧 패배를 의미하는 것

제각각의 칼을 갈다가도
지나가는 사람과 부딪치면
재빠르게 미안합니다, 사과하며

칼을 숨기기에 바쁘다 처음엔
서툴러 제 마음을 베기도 하고
가까운 사람과 멀어지기도 하지만
곧 익숙해진다
곡괭이 지게 낫의 자장가로 자란 나는
개울 건너쯤
장다리꽃 키우며 사는 것을 꿈꾸었지만
전쟁터 한 가운데서
칼 휘두르는 자신을 보고는 놀란다

집으로 돌아와서는
나를 반기며 뽀뽀하는 아이들과
갑옷 같은 외투를 벗겨주는 아내 위해
그 칼로
두부와 고기를 썰며
김치찌개 끓이고 있는 자신을 발견한다

# 지리산 친구

그림자를 줄이기 위해선 수직을 찾아야 한다며
산으로 들어간 꼿꼿한 친구가
지리산 자락을 묶어 늘어뜨리고 왔다
개울 따라 늘어선 포천 장날,
물소리에 섞인 사람들이 좋다며
잔에 들이붓는
뱀사골 이야기들이 늦도록 쏟아진다
산이 외롭지는 않나?
아니, 이제 편해지기 시작했어
외로움도 밑변이 넓어지면 편안해지나봐
산처럼

다음 날부터
친구가 남기고 간 지리산 계곡물이
쉬지 않고
가슴으로 쏟아지고 있었다

## 어머니의 봄

어머니, 어머니 손가락마다 고향에 버리고 나온 갈라진 천수답이 있어요 징글징글한 그 놈이 여기까지 어떻게 쫓아왔는지 모르겠다 터진 손으로 봄을 더듬어 읍내로 나오신 어머니, 공사판 쫓아다니며 시멘트 포대 줍는 잔등엔 울보 누이가 업혀 있었다

꽃무늬 너덜너덜해진 장판 위에서, 새끼들처럼 누렇게 뜬 봉투 입에 맨발로 풀을 바르신다 파리 떼처럼 들러붙는 잠 휘휘 쫓으며 씨 뿌리는 어머니의 봄은, 삼십 촉 전구에 흔들리고 있었다

# 아버지의 집

그곳엔 아버지가
오랜 시간이 걸려 지은 집이 있었다
그 집안 식탁에서 우리는
어제처럼 아침을 먹고
죽은 나무뿌리로 만든 거실 탁자를
두꺼운 유리를 통해 들여다보았다
어머니는 이제 점심 지을 필요가 없다 하셨고
제 방을 기웃거리던 아버지의 자식들은
그 집을 떠나 사방으로 흩어졌다
어디로 가는지
아무도 자기의 방향을 알지 못했다
담과 대문을 온통 빨강색으로만 뒤덮은 덩굴장미는
떠나는 식구들을 붙잡았지만
정원과 집안 이층계단을 뛰어다니던
웃음소리는 모두 차압된 상태였다
서둘러 떠나시는 아버지는
차 안에서 느리게 손을 흔드셨고

나는 아버지가 키우던 감나무 어린가지 사이로
소철 아이비 난초 모여 사는 철모르는 온실과
아침에 우리가 앉았던 식탁을 보기 위해
집안을 들여다보았다

몇 해가 지나 그 집을 지나게 되었는데,
나를 알아보지 못하는 장미는
그때 그 꽃이 아니었으며
아버지가 키운다고 생각했던 감나무는
혼자서 잘 자라고 있었다

# 그놈

아버지의 이층집이 있었네
우리끼리만 열 수 있는
덩굴장미 대문이 있어 행복했네
놈을 만나기 전까지는

아버지의 집은 놈에게
담보로 대출을 받고 얼마 후
흔적도 없이 사라져버렸네
집 밖에서 겨울을 나보지 않은 사람은
놈의 잔인함을 알지 못한다네
아버지는 놈의 생김새와 만난 곳을
꼼꼼히 표시해 둔 지도를 물려주었지만
몇 번이고 같은 곳에서 넘어졌던 나는
화단의 꽃들과 어울리지 못해
돌 틈에서 혼자 꽃 피우는
아버지의 냉이꽃, 가는 허리를
흔드는 놈을 보았을 때 몸서리쳤네

그 겨울 폭설의 벌판엔,
울음만 남은 겨울나무 밑에서
지난여름 입었던 철 지난 남방셔츠를 입고
떨고 있는 내 주변을
놈이 오래도록 어슬렁거리고 있었네

# 낙하산

별에서 낙하산 타고
스리살짝 침투한 사람이 있다는 소문이
회사 복도를 뛰어다니자
시들은 나팔꽃 같던 직원들은 갑자기
허리춤에 예각의 각도기 하나씩 차고는
그 사람 주변에 모여
방아깨비처럼 쫑긋, 귀를 세우고 탁자 밑에서는
피노키오처럼 탁탁, 서로 발길질한다
각도기에 맞는 단어들만 골라 입을 열면
손바닥 타는 냄새가 난다
냄새를 감추기 위해
양주병 따고 마이크 잡으러 간다

굽실굽실 술을 마셔도
정신이 말똥말똥할 거야
새끼들과 마누라가 노려보고 있다

비빈 손은 매번 불에 타 화상을 입고
삐걱거리는 허리는 지팡이 짚고 출근하고
이럴 땐 아버지 젖이 그리운데
마누라는 내 젖 달라고 아우성
염치불고하고 아버지를 불러보는데
낙하산이 있는 줄 알았던 아버지는
아버지의 아버지에게 낙하산 받으러
새벽기도 나가셨다는 어머니 말씀

# 결로(結露)

밤새도록 술 퍼마시는 남편 기다리는
마누라 타들어가는 속이라고
아궁이에 불 지피던
몸뻬 바지는 뿡뿡거리지
튀어나오는 한숨, 먹구름으로 서성이다
함박눈 되어 길 덮어버리지

오다가 칵, 자빠져 버리라고
임플란트 할 돈이 없어 투덜거리던
이빨 빠진 입이 말했다

외양간 입구를 막아선
가는 작대기 부러뜨리지 못해
소가 되어 들어앉아 있는 그녀
써레질하며 살아가다 생긴 상처들을
슬픈 노래로 핥고 있을 때
남편은 만취한 채

마이크 잡으러 3차 가는 중

남루한 벽에 매달려
깜깜한 밖 내다보던 홑겹의 유리창은
눈물 뱉어내고 있네

# 솥이 걸린 지붕

오늘 새로 씌울 지붕의 배가
긴 장마에 푹, 꺼져 있다

무성한 풀 헤치며
금 간 기왓장 걷어내면
야근한 박쥐들 눈 벌건 채 날아가고
다리도 없이 용마루까지 올라와
허물 벗은 뱀이 잠을 깬다

휘어지고 내려앉은 용마루
수평잡기 위해 실 띄우고
썩은 목재 걷어낸 자리에 새로 켠 목재를
잘라낸 가난의 길이만큼 덧대면
지붕 가득 퍼져나가는 나무 향기
바둑판처럼 짠 틀, 어긋난 수많은 곳마다
가슴 찌르는 못들 다 박아야
지붕을 올릴 수 있다는 것을 안다

아직은 동 트기 전
어둠 속 망치질로 손가락 내리치면
쏟아지는 새벽 별
그 별 받아 쌀을 안치고 국 끓이며
식탁에 둘러앉는 식구들

# 나무

열 살 무렵 선생님은
큰 나무로 자라
새파란 이파리를 틔우는
나무가 되어야 한다고 가르치셨다
칠판에 써내려간 선생님의 나무를 따라
높은 곳에 나무를 심고
정성껏 키우기 시작했다

졸업을 하고
학교가 아닌 곳을 다니며 알게 되었다
학생 모두 나무를 심은 것은 아니었으며
나무를 심은 몇몇 학생도
이파리 색깔보다 과장님 표정을 살피는 일에
더 바빴다는 것을

이파리에 정성을 쏟으며 마흔이 넘어갔다
제 길을 찾아 걷던 발의 걸음걸이가

얼굴 위에서 자리 잡기 시작할 때
심어놓은 나무와 이파리에 쏟은 시간을
처음 후회하였다
새들은 오래 머물지 않고 옮겨 다녔으며
구름은 매번 다른 얼굴로 다가왔으므로

그러나 나는, 나무를 베어버릴 수 없었다
선생님의 수업시간은 종을 치지 않았고
나무는 너무 커져 별에 닿았으므로

# 교실

나의 학교 교실은
아카시아 숲에 포위되어 있었다
오월이면 바람타고 돌격하는
향기들의 총공격을 받아
점령당한 교실 안은
책상 위에 쓰러진 포로들밖에 없었다
가는 다리에 주름치마 독일어 선생님도
백묵 끝에서 정신을 잃고는
에델바이스를 가르치기 시작했다
그날은, 수염이 일찍 난 학생들도
고분고분 따라 불렀다

세월이 흘러가고
삶의 전쟁터를 지나다 상처 입을 때면
아카시아 향기 나는 교실을
꺼내보는 버릇이 생겼다

# 강아지의 명복을 빌며

정원과 소파 위를 뒹굴던
희고 긴 털의 강아지

덩굴장미 대문 밖
늘 다니던 길을 건너다 차에 치었을 때
운전자의 얼굴이 낯익었다
또 다른 바퀴들이
쓰러진 몸을 밟고 지나가
빛나던 흰 털이
바큇자국과 핏빛으로 뒤엉켰을 때
빙 둘러서 구경하던 사람들은 하나 둘
어이 신 씨, 라고
그를 부르기 시작했다

# 틈

미꾸라지 수염 기르고
흙탕물 찾아 몸 감추며 산다는
소문난 녀석이 객지에 살고 있는
나를 이십 년 만에 찾아왔다
술 한 잔 하는 동안
고향의 냄새를 맡기 위해
대문 열어놓은 내 표정과 말투를
뒤적거리던 녀석
별안간, 슬픈 붕어눈으로 바뀌더니
보증 서달라고 한다

술잔 속에 도끼눈 번쩍
마누라 얼굴이 떠다닌다

부리나케 대문을 닫는다
드릴과 합판 들고 틈을 찾아
거절 못하는 마음 네 귀퉁이에

나사못 박아 고정시킨다
들꽃 같은 말투에
철근 지지대 세워 묶어준다

# 둥지

옥상 슬래브 벽돌조적 난간
가파른 경사를 따라
악착같이 매달린 기왓장들

한 장 들추어내면 감춰졌던 그 속
기와의 무게 모두 짊어지고 버티는
한 치짜리 등뼈, 신음소리 들린다
대학생 딸 하나
힘겹게 짊어지고 살아왔지만 올해
또 대학에 들어간 아들
드문드문 무게 견디지 못해 처진 사이로
그 안에서 알 까고 새끼들 키워 날려 보냈을
새의 빈 둥지가 남아있다

금 가고 비새는 슬래브 위로
지붕 씌우기 위해
난간에 해머 내리치는 배씨

무너지는 기왓장과 벽돌들
쓸어 모아 질통에 퍼 담는다
한계를 넘어선 무게는
두 개, 아픈 질빵을 움켜쥐고 나서야
흔들리는 무릎을 펼 수 있다
관절이 뱉어내는 소리 너머로
또다시 올라야 할 경사가 보이지만
허리 펴면 질빵 놓칠 수 있다며
등 구부려 계단 오르내리는 배씨

공사판까지 따라온 새끼들 웃음소리
질통에 매달려 있다

# 추억

공사대금 떼인 날
막걸리 한 사발 들이켜면
어릴 적, 산골 사랑방에 앉아
산 너머를 얘기하던
계집애들과 사내아이들의
반짝이던 눈동자가 그리워진다

어른은 아이를
얼마큼 남겨 놓고 살아가는가
어른이 되면
아이의 어디쯤에 있는가
세월이 흘러
추억 들고 소녀를 찾아가면
어른이 된 그녀 옆, 손을 잡고 서 있는
꼭 닮은, 어린 소녀의 눈 속에
우리들의 산골 사랑방이
옮겨 가 있다

# 3부

## 온실 깨지던 날

온실 안
철모르며 사는 화초에
마지막 물 주며
눈물 흘리시는 어머니

나도, 삼십 년 넘게
찬바람 막힌 곳에서
햇빛 받아 마시며
가지와 흰 뿌리 곱게 뻗었다

누가 던졌나
낮은 담 넘어 날아든 돌
유리창 산산이 깨지던 날
밖에 서 있는
커다란 나무를 흔드는 것은
바람인 것을 처음 알았네

무표정의 겨울은
온실을 떠나지 못하는 나에게
빠른 걸음으로 다가왔다

# 담

당신 가슴속 어딘가에 남모르게 쌓고 있는
담 있다는 걸 알아
당신의 풀꽃 몸짓과 말투를 보고
꺾으려 넘어오는 거친 팔뚝들
막기 위해 쌓기 시작한 담
얼마큼 높이로 쌓아야 할지 고민하다가
깨진 사금파리나 유리 조각 박아놓고는
여린 가슴만 찢어지지
때때로, 값비싼 차에 시동 걸어
꽃 필 자리에 매연 뿜어대는 놈 만나
웃는 척하며 이야기 들어주어야 할 때
주머니 속
담을 만지작거리며 견딜 수 있지

높아지는 담벼락을 뿌듯해 하며
혼자만의 벽화를 그리다
담에 갇힌 나를 발견하게 되지

밖을 볼 수 없어
답답해진 마음 달래려 정원을 거닐다
담을 넘는 달빛을 보게 되지
대지를 드럼 치는 태양의
독실한 신도인 줄 알았던 라일락이,
머리칼 만져주는 콧수염 달빛에게
향기를 흘리는 것 보고 깜짝 놀라지
꽃은, 햇빛만 먹는 것이 아니라
달빛도 마신다는 사실을 알고 나서부터
어렸던 마음에 가슴이 솟아올라
화장을 시작하지

그날 밤 이후
담 어딘가에 아무도 모르는 작은 문 뚫어놓고
몰래몰래 들락거리지
들키지 않으려고 찔레꽃 심어놓았지

## 빨간 신호 때는, 키스를

잠깐 신호대기 하는 사이
달달거리는 옆 고물차 안
수상쩍다, 남자 얼굴이 우향우
여자 얼굴은 좌향좌
입술이 빠르게 붙었다 떨어진다
오늘 팔아야 할 두 사람의 짐은
산더미처럼 쌓여
언제라도 덮칠 듯 기울고 있는데
숨 막히게 짓누르는 짐의 무게를
키스로 지탱하고 있다
깜빡 깜빡 방전되는 삶의 배터리를
그 짧은 순간에 충전할 수 있다니
입술과 입술로 연결되어진 코드
몇 볼트의 사랑이 흘렀을까

# 밤길

가슴을 베고 달아나는
한숨의 추녀 끝에
달을 걸어놓고
다시금 상처의 마당에
떨리는 발 내려놓으며
어둠을 쓸고 있는 달빛 따라
길을 찾아 대문 나설 때
뒤돌아보면
마당 가득 어지러운 발자국들
아픈 발자국마다 고여 있는
아, 달빛의 빛나는 여울

# 나는 함석지붕을 먹고 산다

처음 먹을 때는 끝이 날카로워 목구멍이 몇 번이나 찢어지곤 했었다 내가 좋아하는 것은 사무실 책상이나 연필 그리고 컴퍼스 물감 이런 것들 이었지만 한 점 먹으려면 경쟁이 하도 치열해 사람들이 버린 함석을 주워 먹기 시작했어 처음엔 억지로 먹기 시작했으나 씹을수록 우러나는 맛에 점점 빠져들게 되더군 우즈벡에서 온 사마드도 한 번 맛을 보더니 오년 동안을 먹다 고향으로 돌아갔으나 그 맛을 잊지 못해 동생 라마드를 보내왔어 지금은 라마드와 함께 새벽부터 저녁 늦게까지 먹고 있지

함석을 먹을 때 목재와 함께 먹는 것이 제격이야 목재의 간격을 가로 석 자 세로 두 자 넘게 해서 먹으면 목에 걸리기 쉬워 목재와 함석을 먹을 때 반드시 못을 곁들여 먹는 걸 잊어서는 안 돼 못은 필수 영양소이기 때문에 너무 적게 먹으면 걸어 다니기 힘들며 잔병이 많아져 결국에는 쓰러지고 말아 사실 함석을 보는 순간 저것은 내 운명이다 생각했어 조금 전 살짝 거짓말 한 것은 미안해 너무 맛있다고 소문나면 너도나도 달려들어 나눠 먹자고 하지 않겠어! 그러면 난 또

다시 남들이 먹지 못하는 걸 찾아 떠나야 할지 몰라 요즘 들어 함석 구할 데 없느냐는 전화를 자주 받다보니 불안해지기도 해

얼마 전부터 나는 비밀리에 함석지붕의 새로운 맛을 개발하고 있어 구름 시냇물 별모양을 만들어 목에 걸리는 일 없이 맛있게 말이야 함석지붕을 한 번 먹어본 사람은 그 맛을 잊지 못해 계속 먹어야 하는 단점이 있지 솔직히 말하면 나는 함석지붕 중독자야 함석을 끊기에는 이미 너무 늦었지 나는 오늘도 새벽부터 함석지붕을 씹고 있어

# 산은 빨래터다

숲을 걸으면 비누향기가 난다
마음을 빨아준다
경사를 껴안고 쓰러질 듯 서 있는
바위틈으로 배어 나오는 샘물
두 손으로 받아 마시면
식도부터 직장까지 깨끗해지는 내장
샘은 빨래판이다

가던 길 잃어버려
가시덤불 맨살로 헤치다보면
아, 얼마만이냐
터져 나오는 선명한 빨간 피

찌든 때 벗기려는 사람들은
때 빼러 산으로 가자

## 맞는 게 편하다

그래 너한테 한번 맞아보자, 내려놓는 순간 마음은 하늘을 날아간다 남을 때리려고 마음먹으면 얼마나 무겁고 날카로워지는가 이기는 방법을 찾기 위해 며칠 밤잠을 설쳐야 한다 막상 주먹을 날렸을 때, 상대가 피하는 것까지 계산에 넣어야 한다 주먹이 허공을 갈랐을 때의 민망함은 감당하기조차 어렵다 차라리 맞아주는 것이 쉬운 일이다 턱을 꼿꼿이 쳐들고 약간 내리깐 눈으로 눈꺼풀을 약올림 장단에 맞춰 깜빡거리면서 입꼬리 한쪽을 살짝 올리고 쏘옥 내민 입술로 놈의 약점을 쉬지 않고 나불거리며 주먹 날아오기를 두 손 모아 기다리기만 하면 되는 것이다 그 정도 강짜로 나간다면 상대는 대개 주먹을 내려놓는다 기가 질려 도망갈지도 모를 일이다 사실 맞아 봤자 별거 아니다 큰돈을 벌 수 있는 절호의 기회일지도 모른다 설마 한 대 맞고 죽기야 하겠는가 좀 일찍 죽으면 또 어떤가 어차피 언젠가는 죽을 목숨, 남은 인생 겁쟁이로 살지 말고 오늘부터 만나는 사람마다 약이나 바짝바짝 올리는 재미로 살아보자

# 화상자국 아가씨

티브이에서 본 그녀는
사고 전, 연예인보다 예뻤다
얼룩진 얼굴의 그녀는
자주 웃고 있었다

여러 번의 수술에도
깊은 상처를 지우지 못해
감추고 싶었던 붕대 속 시간들
시트 속에서 만지작거리던
알약과 올가미를 떨쳐버리고
눈물로 담금질 된 몸 안에서
악착같이 웃음 틔워내며
더 크게 웃으며 산다

몇 번의 피눈물을 지나야
비로소 웃을 수 있을까

그녀에게서,
상처가 있어도
환하게 웃으며 사는 방법
한 포기 분양받았다

# 밤

시작해요, 내일을 위해
오늘 밤의 높은 음 찾아보아요
느리게 움직이는 바람의 손가락 따라
화음 맞춰 나가요
땀 흥건해질 때까지 불러봐요
태양의 북채 맞으며 지붕 오르던 사다리는
자명종 울리고 나면 다시 오르도록 해요
지금은 어둠이 필요한 시간
숲의 건반 누르는 시간
침대에선 불을 꺼줘요
한낮의 싸움에서,
기울어진 몸통 균형 잡기 위해
연못으로 뻗은 나무의 뿌리도
물결을 느껴야 하는 시간
물고기 떼 부드럽게 지느러미 쳐
낮의 상처를 치료하는 시간
뜨거워요

어둠 속에서 능선이 출렁거려요

# 외로움 물리치기

나의 취미는 달을 마시는 것

달을 마시는 것이 취미가 되기까지
수많은 독초를 먹어보아야 했다
독초 중에 독초는,
밤새워 술 마시기
절대로 참지 않고 싸움박질하기

달을 마실 땐
책과 함께 오래도록 달여 마실 것
창밖 능선의 달을 하루도 거르지 않고 마시며
외로움은 차도를 보이기 시작했다
약효를 보기 위해서는
대문을 걸어 잠그고 마실 것
스마트폰을 꺼놓고 마실 것
펜을 들고 마실 것

약 달이는 냄새가 너무 좋아
약탕기에 들어갈 약초들을 사들였다
문정희 마경덕 신용목
오늘은 어떤 약초를 넣을까
약방문을 쓰기 위해 오늘도
책꽂이 앞에 서 있다

# 외로움

밤새워 서성이는 소리

술잔으로 다 떨쳐버리지 못해
따라온 누구 있는가

묵정밭으로 도망가면 어느새
망초 꽃으로 피어 막아서는

그래서 너를 끼고 사는
사랑보다 긴 뿌리 숨기고 사는

# 골방에서

마누라 잠들길 기다린다 고요 속에서만이 그대가 속삭이는 맑은 소리 들을 수 있으니 골방은, 밤새워 그대를 씻기는 은하수 겨울 들판을 견디는 풀꽃이나 가시 달린 장미 마음을 찾은 어린왕자도 골방에서 시작되었다

소리가 잠든 새벽 두 시쯤 그대가 초롱초롱한 눈빛으로 나를 바라보면 오늘은 정원을 꾸미기 시작한다 한 가운데 연못을 파놓고 밤하늘이 내려올 수 있도록 사다리 세운 다음 별이 쉴 수 있도록 이파리마다 여린 눈물 그렁그렁한 나무 심어놓는다 가끔은 상처 받은 별들을 치료하기 위해 쉽게 웃어주는 물고기들을 풀어 놓는다 고요할수록, 벗어던지고 다가오는 그대 흰 몸 그댈 보면 몸이 달아올라 평생 데리고 살고 싶다

그댈 머리맡에 두고 내가 먼저 죽고 싶다

# 날개를 다는 아침

렌더링과 뒹굴며
상수리나무 숲에 숨어 있는
태양을 스케치하던 정열의 밤은 어느 날
빚쟁이들 구둣발로 찾아와 새파란 이파리들
가을을 보지도 못하고 모두 떨어져버렸네

흩어진 잎 위로 폭우가 쏟아진다
뿔뿔이 떠내려간다
가던 길 잠겨버려 가파른 지름길로 향했네

당장 팔려나갈 새벽에 서서
그날그날 일당을 찾아 헤매었지
운이 좋아
일당이 센, 질통을 짊어지는 날에는
사방으로 흩어지고 무너진 식구들을 뭉치기 위해
시멘트와 모래를 정신없이 퍼 담았네 가끔
콘크리트 골격만 세워진 빌딩 계단을 오르다

발 헛딛는 꿈에 식은 땀 흘리는
아찔한 노역자지만
거푸집 벗은 반듯한 창틀 밖으로
젖은 밤을 털어내며
날개를 달고 있는 아침을 보고 있다

# 애인

1

나는 바람둥이다
첫 번째 애인은
샘물처럼 맑은 몸을 가진 여자
스무 살 때, 첫눈에 반해 불같이 타올랐지만
독한 성격을 견디지 못해 헤어짐
헤어질 때 그녀의 선물은 내 얼굴에 손톱자국 쫙
가는 곳마다 만나게 되지만 아는 척 안함
두 번째 애인은,
노랑머리에 톡톡 튀는 애교가 최고
한여름에 그녀만 있으면 더위가 뻥, 하고 날아갔지
시원시원한 성격이 좋아 만났지만
밤새도록 노래방 나이트클럽으로 끌고 다녀
견딜 수 없었음 삼차는 기본
카드 돌려막다가 기둥뿌리가 흔들흔들
내가 그녀에게 준 선물은 줄행랑
그 외에도, 지금의 애인을 주막집에서 만나기 전까지
몇 만나 보았지만 깊이 사귀지는 못함

2

비 내리는 저녁이면 엉덩이가 안절부절
마누라 몰래 그녈 만나기 위해 집을 나서지
그녀가 예쁘게 생긴 것은 아니야
내가 빠져버린 그녀의 매력은
잘 발효된 부드러운 성품
첫 키스 때, 그녀의 냄새는 어색했지만
지금은 향기로워
고독하거나 상처 받았을 때 한 사발 흘러 들어와
마음을 편안하게 해 주는 마법의 여인
일주일에 한두 번 정도 만나지 않으면
보고 싶어 눈알이 툭 튀어나오지
그렇다고 매일 만난다거나 늦은 밤까지 있다 보면
그녀와의 부적절한 관계가 탄로나서,
마누라에게 쫓겨나거나
무릎 꿇고 각서를 쓰게 될지 모르니
알아서 조심하는 것이 상책
쉿, 그녀가 있는 주막집에 다 왔다

# 오십 개의 달빛 갈기

깊은 산골짝이 고향이라고 해 두지
골짜기에 오기 전 번개에 따귀를 맞고
천둥에 놀라 굴러 떨어지다 바람과 친구가 됨

산꼭대기에서 하늘로 다시 오르기 위해
흰 수염 날리며 수련하던 중
유월 말 즈음이던가
믿었던 바람에게 끌려가 가난한 자궁으로 추락
어둠이 활개 치는 산 속으로 쏟아졌음
태어나면서부터 뛰어야 살 수 있는 운명으로
오십 개의 달빛 갈기를 달고
아직도 달리고 있음
야생마와 습성이 비슷하지만 말은 아님
잠시 숲이 마련해 주는 사랑방에서
노자를 만나 노닥거리다가
바위틈에 단단한 뿌리 내리고 살아가는
소나무를 만나 한 수 배우지만

오래 머물면 병이 생김
태어나기 전 꿈은 새파란 하늘이 되는 것
바람은 가끔 만나게 되지만
목표가 수정되었음 지금은
강물이 되어
별밭 정원 하나 가꾸는 것

# 시냇물과 버드나무

겨우내 꼼짝 못하고 있었죠
시냇물은 봄이 되자 신바람이 났어요
부드럽게 웃어주는 버드나무 생각에
바위에 부딪치며 산을 내려왔지요
시냇물은 버드나무를 만나자마자
은빛으로 웃어 댔습니다
웃음소리는 숲과 골짜기로 퍼져나가
모두가 그녀와 사귀고 싶어 안달이 났지요
그 중에 태양은 정열적이었어요
이른 아침부터 쫓아다니며
반짝이는 보석을 깔아놓았지만
숲속을 거닐며 속삭이길 좋아하는
시냇물은 시큰둥했어요
성격 급한 태양은
날개를 달아 하늘을 날게 해 주었어요
그러면 시냇물은 버드나무가 그리워
눈물이 되어 돌아오곤 했지요

그 때마다 버드나무는 아무 말 없이
쓰다듬어 주며 시냇물을 위로해 주었어요
사실 버드나무는 오 년 전 장마 때 친구들을 잃고
혼자 쓸쓸히 지내고 있어요
전에는 아이들에게 하모니카도 불어주며
시냇물이 가르쳐 준 노래를 불러주기도 했었지요
한번은 아이들이 귀여워 무동을 태워주다
팔을 다친 적도 있었지만
아무도 다친 것을 눈치 채지 못했어요
결국 시냇물이 한 달하고도 이틀을 치료해서 나았지만요
버드나무는 시냇물을 좋아하면서도
지금껏 고백하지 못했어요
시냇물이 애교를 떨며 간지럼을 태워도
얼굴만 벌게져 웃고 있지요
시냇물은 그런 버드나무를 왜 좋아하는지
자신도 모르겠대요
오늘도 태양은 질투하며 노려보고 있어요

# 골방

소리가 없는
불 꺼진 골방이 좋다

눈물 자국으로 방문 열면
말없이 안아 등 두드려 주는 곳
부러진 마음을 붙여주는 병원
얘기를 다 들어주고
비밀을 지켜주는 입 무거운 친구
푹신한 품에 안겨
마음 놓고 울 수 있는, 씨 컵 애인

# 그대에게

그대
삶의 비탈길에 매달려
살며시 지나는 바람에도 흔들리는
들꽃 같은 웃음을 지닌 죄로
오랜 시간 동안
굴욕의 도시를 지나
이제야, 흙 위를 밟고 오는 이여
먼 곳을 돌아왔구나
발의 상처
뒤돌아보지 말고 오거라
그대 맨발의 발자국 소리 들으며
커피 물을 끓이고 있다

# 폭설

하얗게 불타버린 도시

엊저녁, 능선 위 노을은 횃불이었다
잠결에 들려 온 소란은
도시를 태우는 장송곡이었다

작별 없이 떠나온 나의 숲
오솔길 빠져나온 지 오래
도시의 낯설은 모퉁이 돌 때마다
몸 끝에서 돋아나는 혓바늘들

숲으로 돌아가는 길은
눈이 쌓여 보이지 않는다

숨겨놓았던 뒷골목으로
흰 눈이 더 내리면,
꽉 닫아놓은 유리창 안쪽으로

눈물이 흐르고
오늘은 몸살을 앓는다

# 태양의 들판

태양을 피할 수 없다면
불 속을 쓰러질 듯 걸어라
톱날로 파고드는 옥수수
이파리를 헤치며 이랑을 걸어라
몸을 던져라
불타오르는 팔월의 들판
망치 쥔 햇빛이
너의 몸 구석구석 두드리면
호미로 낫으로 다시 태어나리라
무너진 너의 들판을 세우리라

# 스크린 골프

아낙네들의 빨래터

터진 손으로 얼음장 깨고
방망이로 빨래 두드리며
눈물 삼키던 시대는 갔다
손에 드라이버가 쥐어졌다
스트레스는 모두 가라
가슴속 생채기 발밑에 꺼내놓고
하늘 끝까지 날아가길 기도하는 자세는
밤마다 정화수 떠놓고
두 손 모은 어머니 모습과 닮았다
미니스커트에 골프채 들고 기도하는 것은
그 시대를 따르는 준엄한 유행
식구들 화음을 지휘하다 지친 주부도
주정뱅이 남편을 걷어차고 돌아온 싱글도
골프채 휘두른다
나이스 샷

# 장남

마지막 노트를 받았어야 했지요 첫 번째엔, 당신이 그려놓은 밑그림이 진하게 그려져 있었어요 선을 벗어나 나의 그림을 그리기까지는 긴 시간이 흐른 뒤였지요 겨울 철책을 넘고 있는 진달래꽃들의 연분홍 숨소리를 봅니다 두 번째 세 번째로 태어나 살아가는 사람들은 겨울을 어떻게 지내며 꽃은 어떻게 피우고 살아갈까요

첫 번째엔 낡은 배 한 척과 거친 파도가 숨어있었어요 낮은 언덕 위에 이젤을 세워 놓고, 혼자 걷던 오솔길을 스케치하며 캔버스 아래로 흐르는 시냇물 소리 듣고 싶었지만 뱃바닥에 처음부터 웅크리고 있던 나는 밀려오는 파도를 보게 되었지요 첫 번째 노트를 열어 본 나는 배를 떠날 수 없는 운명이었습니다 부서지는 배의 키를 움켜잡고 바다를 향해 소리지르던 당신, 당신이 키를 다룰 줄 모른다는 사실을 다 지나간 뒤에야 알게 되었습니다 난파된 배와 파도는 이제 내가 그리는 그림 속에 남아있습니다

낡은 철 대문을 지키고 있는 개의 목줄을 풀어주었습니다 다음 날 미련한 개새끼, 줄에 패인 상처 그대로 끌어안고 말뚝 옆에 와 엎드려 있습니다

# 피아노 지붕

나는 지금 함석지붕에 앉아 있어
가파른 경사가 편해졌거든
미끄러지지 않는 법도 터득했지
추녀에서 용마루까지 뛰어다닐 수 있어
오늘은
골을 타고 흐르는 햇살에 발 담그고
가위로 오린 새참을 굽고 있지
너를 알지 못할 땐, 끼니때마다 칼날 세우는
네가 무서워 피해 다녔어
너의 매력을 느낀 것은
세상이 온통 먹구름 커튼으로 쳐지고
번개 천둥에 놀라 떨고 있을 때야
그때 비로소
너의 연주 소리가 등대처럼 보였지

흰 밥 같은 모래를 질통 가득 채우고
허겁지겁 계단 오르다

굴러 떨어져 링거 차고 있던 날
병원 창밖으로,
지붕 위에서 장대비 맞으며
피아노 치던 너

폭우 속에서 프러포즈 하던 때가
엊그제처럼 생각 나

| **해설** |

# 함석지붕 위에서 부르는 노래

**정춘근** 시인

1.

문예 창작 강의를 하다 보면 뜬금없이 '詩'는 무엇이가요 하는 난감한 질문을 받을 때가 많다. 원래 詩라는 말은 한국어와 한자의 조상어인 르완다어 siga에서 유래된 것이다. 뜻을 해석하자면 시를 짓다, 복잡하게 하다(to make poetry, complicate)의 뜻이 있다. 그런 어려운 이론에는 질색인 나는, 詩의 한자를 풀어서 '절에서 조용 조용하는 말'이라고 엉터리(?) 해석을 해 준다. 이런 이야기를 하는 이유는 詩라는 분야는 시끄럽고 요란한 곳에서는 창작될 수 없다는 경험에서 나온 말이기도 하다. 이런 생각은 대한민국 단편 소설의 완성자로 평가를 받는 상허 이태준 선생도 누구 간섭을 받지 않고 싶다는 생각을 담은 글을 아래와 같이 쓰고 있다.

> '나는 모기장 속을 좋아한다. 될 수만 있다면 사철 모기장을 치고 살고 싶어 한다. 모기장 속은 파리 한 마리 간섭하지 않는 완전히 나의 독차지 小世界이기 때문이다.'
>
> –잡지 『신민』, 1930년 8월호, 〈모기장 속〉

이렇게 문학작품은 작가가 절대 고독 안에서 스스로의 정신과 상처를 껴안고 치유하면서 만들어낸 진주라는 생각을 갖게 만든다. 이번에 첫 시집을 발간하는 신궁철 시인의 시에서도 진한 고독이 느껴진다. 한마디로 정의를 하자면 김현승 시인이 1968년 발간한 시집의 제목인 ≪견고한 고독≫과 비슷한 이미지라는 판단이다. 그런 연유로 시집의 제목이 ≪나는 함석지붕을 먹고 산다≫로 정한 것 같다는 생각이다. 더 이상 오를 곳이 없는 함석지붕 위에서 느끼는 감정은 '발을 잘못 디디면 추락할 것 같은 아찔함' '무한 허공에 앉아있는 이유도 모를 쾌감'이 어우러져 신궁철 시인만의 세계를 개척하고 있는 중이다.

2.

신궁철 시인이 추구하는 문학의 뿌리는 어디에서 시작을 한 것일까. 시집 원고를 읽다보면 자연스럽게 아버지라는 단어에 머무를 수밖에 없는 작품들이 여러 편 보인다. 그것들만 따로 분류를 해서 보면 명확하게 정리가 된다.

> 아버지의 이층집이 있었네
> 우리끼리만 열 수 있는
> 덩굴장미 대문이 있어 행복했네
> 놈을 만나기 전까지는

아버지의 집은, 놈에게
담보로 대출을 받고 얼마 후
흔적도 없이 사라져버렸네
집 밖에서 겨울을 나보지 않은 사람은
놈의 잔인함을 알지 못 한다네
아버지는 놈의 생김새와 만난 곳을
꼼꼼히 표시해 둔 지도를 물려주었지만
몇 번이고 같은 곳에서 넘어졌던 나는
화단의 꽃들과 어울리지 못해
돌 틈에서 혼자 꽃 피우는
아버지의 냉이 꽃, 가는 허리를
흔드는 놈을 보았을 때 몸서리쳤네

겨울 폭설의 벌판엔,
울음만 남은 겨울나무 밑에서
지난여름 입었던 철 지난 남방셔츠를 입고
떨고 있는 내 주변을
놈이, 오래도록 어슬렁거리고 있었네

– 詩 〈그놈〉 全文

위의 시는 신긍철 시인의 아버지가 대출을 잘못 받아서 모든 것을 잃는 아픔을 담담하게 그려내고 있다. '우리끼리만 열 수 있는 아버지의 이층집' 행복의 상징인 '덩굴장미 대문'이 있었는데 어느 날 (대출이라는) 그놈을 만나면서 '아버지의 집은 흔적도 없이 사라져' 결국 '집 밖에서 겨울을 나야 하는' 뼈가 시리는 절망을 맛보는 모습을 그려내고 있다. 또 당당하던 아버지는 '틈에서 혼자 꽃 피우는/ 냉이 꽃'이 되었고 나는 '철지난 여름 남방셔츠를 입고 겨울을 나야 하는 절망'을 받아들이면서도 '내 주변을 어슬렁거리는' 그놈(대출금)에게 몸서리칠 정도로 무기력해지는 경험을 묘사하고 있다. 그리고 아버지로부터 발생된 문제를 원망하기보다는 '마지막 노트를 받아야 하는' 장남의 입장, 즉 아버지의 짐을 같이 안고 가려는 마음에 신궁철 시인이 꿈꾸던 '낮은 언덕 위에 이젤을 세워 놓고, 혼자 걷던 오솔길을 스케치하며 캔버스 아래로 흐르는 시냇물 소리 듣고 싶었던 꿈'을 포기하는 것을 묘사하고 있다. 그 아픔이 진하게 배어 있던 아버지와 관련이 있는 작품을 추려 보면 다음과 같다.

> 담과 대문을 온통 빨강색으로만 뒤덮은 덩굴장미는/ 떠나는 식구들을 붙잡았지만/ 정원과 집안 이층계단을 뛰어다니던/ 웃음소리는 모두 차압된 상태였다 －〈아버지의 집〉 一部

> 그 집은 폭파되었다/ 금 간 곳에 매설된 근저당이 문제였다 －〈부도〉 一部

누구 한 번/ 시원하게 때려보지 못한 아버지/ 당좌수표가 날린 펀치에 케이오 당하시고/ 서까래 대들보 부러진 집에서/ 허허허 사신다 —〈아버지의 상자〉 一部

살 빠진 바퀴와 녹슨 핸들에/ 펑크 난 삶 싣고/ 찌르릉 찌르릉 골목 울리며/집으로 돌아오시는 아버지

—〈아버지의 자전거〉 一部

아버지가 굴려온 허리 휜 자전거/ 오늘도 어머니,/ 빈 가슴 헛간에 우두커니 세워진/ 아버지의 페달

—〈아버지의 페달〉 一部

아이들의 발 적시던 곳/ 젖은 것들을  말리기 위해/ 아버지는 공사판을 찾아 헤매었다 —〈할머니의 방〉 一部

징글징글한 그 놈이 여기까지 어떻게 쫓아왔는지 모르겠다 터진 손으로 봄을 더듬어 읍내로 나오신 어머니, 공사판 쫓아다니며 시멘트 포대 줍는 잔등엔 울보 누이가 업혀 있었다

—〈어머니의 봄〉 一部

내 눈물도 부도가 날 무렵/ 우물이 되어야한다고 생각했다/ 유전된 중력이 있다는 걸 그때 알았다

—〈아버지의 우물〉 一部

실제 신궁철 시인의 글은 낭만주의 시들이 지닌 내용 위주의 편향성, 지나친 감정 노출 등을 비판하고 단단한 형식, 지성에 의한 감정의 통제를 근간으로 하는 모더니즘 경향을 보인다. 그런 사조에다가 자신의 경험을 가미해 절망을 절망적으로 보이지 않으려는 자존심을 감추고 있다. 그럼에도 불구하고 위에 인용된 시에서 '차압된 웃음' '매설된 근저당' '당좌수표가 날린 케이오 펀치' 등에서 애써 이룩한 모든 것을 (여기서는 집으로 상징성을 드러냄) 잃어버리는 절망을 표현하고 있다. 한 순간에 삶의 털린 아버지는 '살 빠진 바퀴와 녹슨 핸들에 펑크 난 삶 싣고 있지만 오래 버티지 못하고 빈 가슴 헛간에 우두커니 세워져' 있어야 하는 허망함을 허리 휜 자전거로 대변하고 있다. 신궁철 시인은 이런 아버지를 원망하기보다는 '유전된 중력을 숙명으로 생각하고 아버지의 우물' 되어야겠다는 가족애를 드러내고 있다. 또 눈여겨 볼 것은 아버지가 파산에 가까운 경제적 문제가 생겼을 때 가족들이 대응하는 상황이다. 개인주의를 극대화한 존듀이(John Dewey, 1859년 10월 20일~1952년 6월 1일)의 실용주의를 근간으로 하는 서구에서는 제 살길을 찾아 각자 도생을 한다. 그러나 우리나라의 가정 윤리는 칸영화제에서 황금종려상을 받은 봉준호 감독의 작품 〈기생충〉에서 볼 수 있듯이 서로에게 숙주처럼 의지하며 공생(共生)을 하면서 희망을 찾아가려는 노력을 아래 시에서 전형적으로 보여주고 있다.

땀에 젖은 옷 입은 채 마르면
가야 할 길이
지도가 되어 하얗게 드러났다
남긴 참을 가져가면
기다리던 아이들 달려와
신나게 빵 봉지를 뜯었다
빵 봉지 소리와
아이들 웃음소리가 똑같았다 –〈가장〉 全文

3.

창작의 힘을 많은 사람들이 상상력의 산물이라고 한다. 시에서는 상상력을 통해 작품을 끌고 나가는 기본원리이다. 또 시의 생명이면서 내면을 지탱하는 기둥과 같이 근원적 존재이기도 하다. 이런 상상력은 명확히 정리하기 어렵지만 이론가들은 다음과 같이 분류를 하고 있다.

① 체험과 기억을 회상하는 상상
② 비슷한 이미지를 연결하는 연합적 상상 또는 관념상상
③ 창조적 상상

이렇게 분류가 되는데 작가에게 가장 필요한 것은 '창조적 상상'이다. 이 문학적 상상은 다른 어떤 것으로부터 간섭 받

지 않는 독창적인 공간이 절대적이다. 세상 어느 작가도(통상 작가들은 예민한 성격이 많음) 시끄러운 곳에서는 예술적 상상력을 만들어 낼 수 없다. 혼자만의 전유물, 앞에서 언급한 것 같이 상허 이태준 선생에게는 모기장 속 같은 공간, 그런 곳을 신긍철 시인은 〈골방〉을 통해서 남다른 창조적 상상력을 보여주고 있는 것으로 보인다. 몇 편의 작품을 옮겨서 읽어 보면

소리가 없는
불 꺼진 골방이 좋다

눈물 자국으로 방문 열면
말없이 안아 등 두드려 주는 곳
부러진 마음을 붙여주는 병원
얘기를 다 들어주고
비밀을 지켜주는 입 무거운 친구
푹신한 품에 안겨
마음 놓고 울 수 있는, 씨 컵 애인 —〈골방〉 全文

위의 글은 보면 화자는 벽으로 막혀서 소리조차 들리지 않고 불조차 꺼진 골방이 좋다고 말을 하고 있다. 다른 사람은 무섭고 지루한 사방팔방 벽으로 막힌 공간을 신긍철 시인이

좋아하는 이유는 詩 〈밤〉에서 묘사된 것처럼 '한낮 싸움에서, 기울어진 몸통을 잡기 위해' '낮의 상처를 치료하는 시간'이 골방의 어둠이라는 것을 짐작을 할 수 있다. 즉 눈물자국이 날만큼의 상심으로 골방 문을 열면 '(엄마처럼) 말없이 안아 등을 두드려주고 마음의 상처를 치료해 주는 병원이 되고 얘기를 들어 주고 비밀을 지켜 주는 고민 상담소가 되고 있음'을 보여 준다. 그렇게 골방에 대한 믿음을 마음 놓고 울 수 있는 풍만한 애인으로 표현하고 있다. 이런 이미지 묘사는 앞에서 이야기한 것 같이 창조적인 상상력에 놓아도 어색해 보이지 않는다. 이런 상상력이 더욱 확대 재생산 되어서 완숙한 경지로 이끌고 간 것이 다음 작품이라는 생각이다.

마누라 잠들길 기다린다 고요 속에서만이 그대가 속삭이는 맑은 소리 들을 수 있으니 골방은, 밤새워 그대를 씻기는 은하수 겨울 들판을 견디는 풀꽃이나 가시 달린 장미 마음을 찾은 어린 왕자도 골방에서 시작되었다

소리가 잠든 새벽 두 시쯤 그대가 초롱초롱한 눈빛으로 나를 바라보면, 오늘은 정원을 꾸미기 시작한다 한 가운데 연못을 파 놓고 밤하늘이 내려올 수 있도록 사다리 세운 다음, 별이 쉴 수 있도록 이파리마다 여린 눈물 그렁그렁한 나무 심어놓는다 가끔은 상처 받은 별들을 치료하기 위해 쉽게 웃어주는 물고기들을 풀어 놓는다 고요할수록, 벗어던지고 다가오는 그대 흰 몸 그댈

보면 몸이 달아올라 평생 데리고 살고 싶다

그댈 머리맡에 두고 내가 먼저 죽고 싶다

–〈골방에서〉 全文

인용된 시에서 보이는 화려한 상상력의 결정체를 읽다 보면 실제 골방이 존재하는지 하는 의문이 든다. 신긍철 시인이 혼자 상상력을 마음껏 펼칠 수 있는 물질적 공간이 아니라는 심증을 갖게 만든다. 이것은 마치 정지용 시인의 詩 〈산너머 저쪽〉에서 나오는 '산너머 저쪽에는 누가 사나?/ 뻐꾸기 영 우에서 한나절 울음 운다.// 산너머 저쪽에는 누가 사나?/ 철나무 치는 소리만 서로 맞아 쩌르렁!' 구절처럼 생각 속에 있는 것은 아닌지 하는 창조적 상상(?)하면서 분석을 해 보면 '마누라 잠들길 기다린다'라는 독창적인 이미지가 등장을 한다. 그리고 난 뒤에 '고요 속에서만이 그대가 속삭이는 맑은 소리 들을 수 있으니'라고 한 것은 부인도 잠이 든 조용한 시간에 신긍철 시인이 마음껏 펼치는 상상력의 세계인 '작가 자신만의 세상' = '골방'으로 규정해 놓은 것 같아 보인다. 이런 상상력의 골방에서 신긍철 시인은 1930년대의 대표적인 영국 시인이면서 비평가인 데이 루이스(Day–Lewis) 말을 한 시의 씨앗이 되는 '겨울 들판을 견디는 풀씨, 가시 달린 장미 마음을 찾은 어린왕자(작가 자신)' 이미지를 얻게 된다. 그리고 난 뒤에 시의 씨앗이 성장하고 발전하는 과정을 '오늘은 정원을 꾸미기 시작한다'라는 내용으로 묘사를 하고 마지막 단계, 구체적 표현을 찾는 단계에서 '평생 데리고 살고 싶다' '그댈 머리맡에 두고 내가 먼저 죽고 싶다'로 화룡점정으로 끝맺음을 하고 있다. 또한 신궁철 시인의 골방 세상에서는 외로움에 대해 '피어싱이 된 상처/ 별자리 되어 빛난다(-〈별 피어싱〉)'는  생각으로 여러 편을 창작해내고 있다.

밤새워 서성이는 소리// 술잔으로 다 떨쳐버리지 못해/따라온 누구 있는가
-〈외로움〉 一部

나의 취미는 달을 마시는 것// 약효를 보기 위해서는/ 대문을 걸어 잠그고 마실 것/ 스마트폰을 꺼놓고 마실 것/ 펜을 들고 마실 것
-〈외로움 물리치기〉 一部

4.

신궁철 시인 시를 보다 보면 나무에 대한 이미지들이 여러 편 등장을 한다. 욕심 많은 사람들에게 아낌없이 주면서 한자리를 지키고 서 있는 모습에 반해서 다음 생에는 나무로 태어나고 싶다는 생각을 많아 하는 것이 작가들이다. 그런 의미를 갖고 나무에 관한 시를 썼는지 알 수는 없지만 신궁철 시인이 시집 제목에서 보이는 것처럼 지붕을 고치는 직업을

갖고 있는 것에 비추어 볼 때 시인의 삶을 지배하는 요소가 되었을 것이라는 상상을 하게 된다. 우선 이번 시집 2부의 소제목이 된 〈산은 빨래터다〉를 인용해 보면 다음과 같다.

숲을 걸으면 비누향기가 난다
마음을 빨아준다
경사를 껴안고 쓰러질 듯 서 있는
바위틈으로 배어 나오는 샘물
두 손으로 받아 마시면
식도부터 직장까지 깨끗해지는 내장
샘은 빨래판이다

가던 길 잃어버려
가시덤불 맨살로 헤치다보면
아, 얼마만이냐
터져 나오는 선명한 빨간 피

찌든 때 벗기려는 사람들은
때 빼러 산으로 가자 —〈산은 빨래터다〉 全部

많은 사람들이 산에 오르면 가슴까지 시원한 느낌을 갖는다. 그 이유는 100m 오를 때 마다 온도가 약 0.5씩 낮아지기 때문이다. 그래서 폭염 속에서도 사람들이 등산을 하는 이유이다. 그런데 신긍철 시인은 시원함 대신 '숲을 걸으면 비누향기가 난다.'라는 독특한 이미지로 표현하고 있다. 세상에 비누향기가 솔솔 풍기는 나무가 있을까? 물론 비누와 같은 향기는 없지만 인간이 쓴 창작 상상력에서는 등장을 하고 있다. 그 작품은 강신재 소설가(1924년~2001년)가 1960년 『사상계』에 발표한 〈젊은 느티나무〉이다. 드라마까지 만들어졌던 이 소설에서 유명한 구절이 '그에게서는 비누향기가 난다.'였는데 신긍철 시인의 작품과 유사성이 보이지만 자세히 읽어 보면 강신재 소설과는 전혀 다른 방향으로 시가 꾸며져 있기 때문에 새로운 창작품으로 판단된다. 숲은 나무들이 모여서 이루어지는데 시인에게 나무 이지미를 심어 준 사람을 찾다 보면 다음과 같은 작품을 만날 수 있다.

열 살 무렵 선생님은,/ 큰 나무로 자라/ 새파란 이파리를 틔우는/ 나무가 되어야 한다고 가르치셨다 -〈나무〉 一部

나의 학교 교실은/ 아카시아 숲에 포위되어 있었다
삶의 전쟁터를 지나다 상처 입을 때면/ 아카시아 향기 나는 교실을/ 꺼내보는 버릇이 생겼다 -〈나무〉 一部

새를 앉히기 위해/ 깊게 뿌리 뻗어 둥치를 넓히고/ 묵묵히 가

지를 키워봅니다 —〈나무로 살아가기〉 一部

휘어지고 꺾여진 세월 사이로/ 바람은 쉬지 않고 지나가지만/ 한때 흔들리던 흔적은

한둘 삭정이로 남을 뿐이다 —〈숲〉 一部

잠시 숲이 마련해주는 사랑방에서/ 노자를 만나 노닥거리다가/ 바위틈에 단단한 뿌리 내리고 살아가는/ 소나무를 만나 한 수 배우지만 —〈오십 개의 달빛 갈기〉 一部

제시된 시의 이미지를 보면 학교 선생님의 말처럼 열 살 때부터 '이파리를 키우는 나무가 되려는 꿈'을 갖고 살지만 사춘기 때 아카시아 숲에 포위된 학교에서 삶에 대한 희망을 포기한 상태가 되어 '가는 다리에 주름치마 독일어 선생님'이 부르는 노래에 '수염이 일찍 난 학생들이' 고분고분 따라 부르는 모습으로 변하고 있다. 그리고 졸업을 하고 세상에 나와서는 '자신의 나뭇가지에 많은 새를 앉히기 위해' 넉넉한 가지를 키우는 뿌리 깊은 노력을 하여도 세월이 흐를수록 '한둘의 삭정이 남는' 삶의 무상함을 묘사하고 있다. 그런 다음 숲에서 초나라 사상가 노자를 무위자연설을 통해 비록 단단한 바위틈이지만 거기에 만족하고 넉넉하게 살아가는 소나무에게 세상을 살아가는 처세술을 배우고 싶다는 생각을

하고 있다. 이렇게 자신의 문학 세계에 철학을 이입 시키는 것은 '태생적으로 물려받은 창조적 상상력'에다 철학이라는 날개를 달은 것으로 앞으로의 작품을 기대하게 만들고 있다.

5

문학은 언어로 표현되며 특정한 의미를 가짐으로써 독자와 소통이 가능하다. 우리가 알고 있는 언어는 크게 서로 다른 두 가지 의미를 갖는 경우가 많다. 첫 번째는 겉으로 드러난 객관성을 가진 고정관념이다. 또 다른 하나는 자신만 특화된 주관적 의미이다. 이것을 예를 들자면 '무궁화'란 언어를 생각해 보자. 우리나라 사람이라면 그것이 무엇을 의미하는지 알고 있다. 그러나 외국 사람에게 무궁화는 수많은 꽃 중에 하나로 정도로 대접을 받는다. 더 자세히 알아보면 한국사람 가운데서도 '무궁화'라는 말에 떠오르는 생각은 자신의 경험 또는 주변에서 얻은 지식으로 고착되어 천차만별일 것이다. 그런 의미에서 상상력을 바탕으로 하는 문학 작품에서는 나름대로 독특한 표현을 하고 있는 것은 당연한 일이다. 신궁철 시인의 시를 읽다보면 '지붕'이라는 이미지가 다양하게 표현되어 있다. 그리고 다른 사람들이 경험하지 못한 이미지들이 진수성찬으로 느껴질 정도로 시적인 완성도를 높이고 있다. 그런 작품 중에서 2011년 12월호 『시와 문화』 당선작이면서 시집 제목이 된 〈나는 함석지붕을 먹고 산다〉

는 가장 돋보이는 작품으로 판단된다.

처음 먹을 때는 끝이 날카로워 목구멍이 몇 번이나 찢어지곤 했었다

내가 좋아하는 것은 사무실 책상이나 연필 그리고 컴퍼스 물감 이런 것들이었지만 한 점 먹으려면 경쟁이 하도 치열해 사람들이 버린 함석을 주워 먹기 시작했어 처음엔 억지로 먹기 시작했으나 씹을수록 우러나는 맛에 점점 빠져들게 되더군 우즈벡에서 온 사마드도 한 번 맛을 보더니 오 년 동안을 먹다 고향으로 돌아갔으나 그 맛을 잊지 못해 동생 라마드를 보내왔어 지금은 라마드와 함께 새벽부터 저녁 늦게까지 먹고 있지 함석을 먹을 때 목재와 함께 먹는 것이 제격이야 목재의 간격을 가로 석 자 세로 두 자 넘게 해서 먹으면 목에 걸리기 쉬워 목재와 함석을 먹을 때 반드시 못을 곁들여 먹는 걸 잊어서는 안 돼 못은 필수 영양소이기 때문에 너무 적게 먹으면 걸어 다니기 힘들며 잔병이 많아져 결국에는 쓰러지고 말아 사실 함석을 보는 순간 저것은 내 운명이다 생각했어 조금 전 살짝 거짓말 한 것은 미안해 너무 맛있다고 소문나면 너도나도 달려들어 나눠 먹자고 하지 않겠어! 그러면 난 또 다시 남들이 먹지 못하는 걸 찾아 떠나야 할 지 몰라 요즘 들어 함석 구할 데 없느냐는 전화를 자주 받다 보니 불안해지기도 해

얼마 전 부터 나는 비밀리에 함석지붕의 새로운 맛을 개발하

고 있어 구름 시냇물 별모양을 만들어 목에 걸리는 일 없이 맛있게 말이야 함석지붕은 한 번 먹어본 사람은 그 맛을 잊지 못해 계속 먹어야 하는 단점이 있지 솔직히 말하면 나는 함석지붕 중독자야 함석을 끊기에는 이미 너무 늦었지 나는 오늘도 새벽부터 함석지붕을 씹고 있어

–〈나는 함석지붕을 먹고 산다〉 全文

詩를 읽다보면 신궁철 시인의 삶과 꿈을 엿볼 수 있다. 우선 시인은 '사무실에서 근무하거나 그림을 그리고 싶었지만 경쟁이 치열해서 포기했다는 것을 이야기하면서 살아남기 위해 지붕을 수리하는 직업을 가졌는데 '사람들이 버린 함석을 주워 먹기'로 묘사하고 있고 처음에는 어려움이 있었으나 이를 극복하고 점점 사업이 자리 잡고 있다는 것을 '씹을수록 우러나는 맛에 점점 빠져들게 되더군'으로 표현하고 있다. 또 외국인 노동자 사마드가 5년 동안 일을 해서 돈을 벌어 귀국을 한 뒤에 동생 라마드를 보내서 같이 일을 하고 있다는 사실을 묘사하고 있다. 지붕을 만들기 위해서는 '함석+적당한 크기의 목재+알맞은 못'이 조화를 이루어야 쓰러지지 않는 지붕이 된다는 것을 시적인 장치로 사용하고 있다. 지붕작업을 잘 한다는 소문이 나자 시인은 다른 사람들이 경쟁자로 나설 것 같은 불안한 마음에 '비밀리에 함석지붕의 새로운 맛을 개발' 하고 있으며 지금도 '새벽부터 함석지붕을 씹고 있

는' 중독자가 되어 있다는 재미있는 창조적 상상력으로 끝맺음을 함으로써 '눈에 쏙 들어오는 함석지붕'을 보는 듯한 감동을 불러 오게 만든다. 이에 만족하지 않고 신긍철 시인은 지붕에 주제와 같이 일을 하는 사람들을 주인공으로 여러 편의 작품들을 써냈는데 주요 구절을 인용해 보면 아래와 같다.

> 아직은 동 트기 전,/ 어둠 속 망치질로 손가락 내리치면/ 쏟아지는 새벽 별/ 그 별 받아 쌀을 안치고 국 끓이며/ 식탁에 둘러앉는 식구들 –〈솥이 걸린 지붕〉 一部

> 이목수, 언 손으로 톱질한다/ 무너진 사각의 귀퉁이 마다/ 새 목재를 잘라 틀을 잡고/ 고정시키기 위해 못을 꺼내든다
> –〈이목수〉 一部

> 발바닥이 부르트도록 밟아온/ 저 단단한 시간은/ 날개들의 활주로 –〈활주로〉 一部

> 몇 개의 버팀목을/ 아비와 아들 사이에 세우느냐에 따라/ 지붕의 수명이 좌우될 것이다 –〈지붕 덧씌우기〉 一部

> 대학생 딸 하나/ 힘겹게 짊어지고 살아왔지만 올해/ 또 대학에 들어간 아들/ 드문드문 무게 견디지 못해 처진 사이로/ 그 안

에서 알 까고 새끼들 키워 날려 보냈을/ 새의 빈 둥지가 남아있다 –〈둥지〉 一部

나는 지금 함석지붕에 앉아 있어/ 가파른 경사가 편해졌거든/ 미끄러지지 않는 법도 터득했지// 추녀에서 용마루까지 뛰어다닐 수 있어/ 지금은, – 〈피아노 지붕〉 一部

6

이밖에도 신긍철 시인이 추구하는 시의 세상은 다양함으로 넘쳐 난다. 강아지에 대한 따스한 시각은 '강아지 명복을 빌며' '버려진 개'와, 詩 〈장남〉에서 '낡은 철 대문을 지키고 있는 개의 목줄을 풀어 주었습니다'라는 구절에서 고스란히 드러나 있다. 또 '신림동 반지하 사글세 방'에서 시작하는 〈청춘〉은 가정 꾸리고 누구나 그렇듯이 '화살촉이 달린 뾰족한 말'로 〈부부싸움〉을 하고 '(남편을 기다리다) 속이 타들어 가는 마누라'를 외면하고 '남편은 만취한 채/ 마이크 잡으러 3차 가는' 이율배반적인 행동을 〈결로〉에서 담당하게 그려내고 있다. 그러면서도 詩 〈틈〉에서는 '이십년 만에 찾아 온 친구가 슬픈 붕어 눈으로 서달라는 보증'에는 흔들리지 않기 위해 '거절하지 못하는 마음의 네 귀퉁이에 나사못을 박고, 철근 지지대'를 세우는 인간적 갈등을 솔직하게 표현하고 있다. 신긍철 시인의 작품에서는 세상에게 냉소적인 시각을 보이기도 하는데 김기택 시인이 추구하는 사물을 집요하게 묘사는 방식을 생각나게 하는 〈맞는 게 편하다〉에서는 그전에 보여줬던 표현과는 다른 착실하게 읽히는 특징이 있다. 그리고 그 시의 끝부분에서 혼잣말처럼 고백한 '남은 인생 겁쟁이로 살지 말고' 새로운 길을 탐색하기 위해 〈링 안에서〉 〈당구장에서 길 찾기〉 〈서각〉 등의 시를 창작하면서 나름대로의 시의 골방(?)을 구축하고 있는 것 같아 박수를 보내고 싶다.

작가에게는 등단을 했을 때와 첫 시집을 발간했을 때가 제일 기쁘다고 한다. 특히 첫 시집은 딸 자식을 시집보내는 것처럼 설레고 보람이 있지만 조마조마한 걱정도 앞서는 것이 인지상정이다. 그러나 분명한 것은 시인은 시집을 통해 자신의 문학 세계를 정리하고 새롭게 출발을 하는 과정이다. 이번 첫 시집 발간을 통해서 신긍철 시인의 작품 세계가 진일보 하는 계기가 되었으면 하는 기대감을 보내면서 건필하기를 기원하는 바이다.

나는 함석지붕을 먹고 산다